Viola Messingschlager

2023

KALENDER FÜR DIE
MAMA MIT GARTEN

Bibliografische Information der Deutschen Nationalbibliothek:
Die Deutsche Nationalbibliothek verzeichnet diese Publikation in der
Deutschen Nationalbibliografie; detaillierte bibliografische Daten sind im
Internet über http://dnb.dnb.de abrufbar.

Herstellung und Verlag: BoD – Books on Demand, Norderstedt

ISBN: 978-3-7568-1703-0

Inhaltsverzeichnis

Vorwort

Na gut. Ich bin Mama und auf der Suche nach einem Terminplaner. Herkömmliche Terminplaner sind mir viel zu groß, Gartenplaner enthalten viel zu viel Garten und viel zu wenig Termin-Management. Also mache ich eben meinen eigenen Kalender. Dieser Kalender ist speziell für Mamas mit Garten.

Achtsamkeit

Was im täglichen Leben mit Kind wichtig ist, ist meiner Meinung vor allem eins: Achtsamkeit. Ich kannte das Wort gar nicht so sehr, bis ich im Rahmen meiner Ausbildung zur Stillberaterin in einer Stillgruppe der „La Leche Liga" (LLL) hospitierte. Nicola Schmidt hat es in ihrem Buch sehr schön formuliert: „Jeden Tag ein kleiner Schritt, einmal anders reagieren, einmal fünf Minuten Pause machen, diese Dinge summieren sich. Aber es darf kein weiterer Punkt auf einer vollen To-do-Liste werden. Wenn wir den Menschen, die wir lieben, einmal am Tag in die Augen sehen und ihnen sagen: „Schön, dass du da bist!", dann haben wir das Wichtigste schon getan." [ScNi]

Kleine Ruheinseln schaffen. Dann, wenn man mit den Kindern spielt und sie selbst weiterspielen und uns eigentlich gar nicht mehr brauchen. Anstatt den Legostein an die vermeintlich richtige Stelle zu setzen und den richtigen Baustein auf den Stapelturm zu setzen, können wir uns einfach zurückziehen und eine kleine Pause machen. Das hat gleich zwei Vorteile: Die Mama kann sich auf sich selbst konzentrieren und im Jetzt sein (keine Listen im Kopf durchgehen, nicht überlegen, was man dann noch alles einkaufen muss, sondern einfach da sein und zum Beispiel auf den Atem achten). Das Kind kann selbst Erfahrungen sammeln und seinem Forscherdrang nachgehen. Spielzeuge müssen nicht so bespielt werden, wie wir Erwachsenen glauben, es sei so richtig.

Raus in Garten

Ein eigener Garten kann Erwachsene und Kinder dazu motivieren, etwas mehr Zeit draußen zu verbringen. Sogar Kleinkinder helfen gerne bei der Gartenarbeit. Sie schaufeln Erde hin und her, graben hier und dort den Garten um und stecken gerne Samen in die Erde. Es werden auch (leere) Gießkannen durch die Gegend geschleppt und die Pflanzen gegossen. Die Kinder machen uns Erwachsene gerne nach und wollen uns helfen.

Das Kind lernt außerdem gleich, wo das Essen her kommt, wie viel (oder wie wenig) Aufwand hinter einem Salatblatt steckt, wie natürliches Essen schmeckt und dass man warten muss, bis die Tomaten rot sind, ehe man sie essen kann. Selbstgepflückte Tomaten schmecken außerdem sowieso viel besser als Gekaufte.

Termine

Weniger ist mehr. Ein Termin pro Tag. Maximal zwei. Das gilt insbesondere für Freizeitaktivitäten. Freizeitstress belastet nicht nur die Erwachsenen, sondern auch schon die ganz kleinen. Ist es wirklich nötig, mehrere Sportarten auszuüben oder reicht eine? Machen mir die Spielegruppenbesuche Spaß oder empfinde ich diese Treffen eher als belastend? Es gibt auch Mütter-Teams, in denen sich Mütter bei einer der Mütter zuhause treffen und dort die Kinder betreuen, während die Mutter selbst Zeit für etwas anderes hat. So haben die Kinder auch Kontakt zu anderen Kindern und die Mutter Zeit für sich.

Was bedeuten die ♥?

Jeder Tag ist ein guter Tag. Hier kannst du eintragen, was dich an diesem Tag besonders gefreut hat. Damit wir die schönen Momente in unserem turbulentem Mama-Leben nicht aus den Augen verlieren, habe ich die ♥ eingeführt.

Warum haben die Pflanzen + dahinter?

Starkzehrer (+++), Mittelzehrer (++) und Schwachzeherer (+). Idealerweise sollten im ersten Jahr Starkzehrer gepflanzt werden, im zweiten Mittelzehrer, im dritten Schwachzehrer und im vierten Jahr sollte das Beet eine Pause bekommen.

Es ist außerdem darauf zu achten, welche Nachbarn die Pflanze bekommen sollte. Ich verweise auf Tabellen im Netz.

Was bedeuten die ● und ○?

● steht für Neumond und ○ für Vollmond. Die Mondphasen sind teilweise wichtig im Garten.

Zunehmender Mond	Oberirdisches Gemüse pflanzen / ernten
	Am besten frisch verzehren
○	Düngen
	Kräuter sammeln
Abnehmender Mond	Unterirdisches Gemüse pflanzen / ernten
	Sträucher und Bäume schneiden
●	Schädlingsbefall behandeln

Ich wünsche dir viel Freude in 2023!

Januar

So	1		♥	
Mo	2		♥	
Di	3		♥	
Mi	4		♥	
Do	5		♥	
Fr	6		♥	
Sa	7 ◯		♥	
So	8		♥	
Mo	9		♥	
Di	10		♥	
Mi	11		♥	
Do	12		♥	
Fr	13		♥	
Sa	14		♥	
So	15		♥	
Mo	16		♥	

Di	17		♥
Mi	18		♥
Do	19		♥
Fr	20		♥
Sa	21 ●		♥
So	22		♥
Mo	23		♥
Di	24		♥
Mi	25		♥
Do	26		♥
Fr	27		♥
Sa	28		♥
So	29		♥
Mo	30		♥
Di	31		♥

Garten

Im Haus vorziehen:

- Chilli +++
- Salat ++
- Süßkartoffel +++

Projekte

- _____
- _____
- _____
- _____
- _____
- _____
- _____
- _____
- _____
- _____

Geburtstage

- _____
- _____
- _____
- _____
- _____
- _____
- _____
- _____
- _____
- _____

Februar

Mi	1		♥
Do	2		♥
Fr	3		♥
Sa	4		♥
So	5 ☾		♥
Mo	6		♥
Di	7		♥
Mi	8		♥
Do	9		♥
Fr	10		♥
Sa	11		♥
So	12		♥
Mo	13		♥
Di	14		♥
Mi	15		♥
Do	16		♥

Fr	17		♥
Sa	18		♥
So	19		♥
Mo	20 ●		♥
Di	21		♥
Mi	22		♥
Do	23		♥
Fr	24		♥
Sa	25		♥
So	26		♥
Mo	27		♥
Di	28		♥

_____
_____
_____
_____
_____
_____
_____
_____

Garten

Im Haus vorziehen:

- o Blumenkohl +++
- o Brokkoli +++
- o Erdbeere +
- o Kohlrabi ++
- o Lauch ++
- o Paprika +++
- o Salat ++
- o Sellerie +++

Direkt ausäen:

- o Karotte ++

Ins Beet pflanzen:

- o Salat ++

Projekte

- ❀ _____
- ❀ _____
- ❀ _____
- ❀ _____
- ❀ _____
- ❀ _____
- ❀ _____
- ❀ _____
- ❀ _____
- ❀ _____

Geburtstage

- ❀ _____
- ❀ _____
- ❀ _____
- ❀ _____
- ❀ _____
- ❀ _____
- ❀ _____
- ❀ _____
- ❀ _____
- ❀ _____

März

Mi	1		♥
Do	2		♥
Fr	3		♥
Sa	4		♥
So	5		♥
Mo	6		♥
Di	7 ◖		♥
Mi	8		♥
Do	9		♥
Fr	10		♥
Sa	11		♥
So	12		♥
Mo	13		♥
Di	14		♥
Mi	15		♥
Do	16		♥

Fr	17		♥
Sa	18		♥
So	19		♥
Mo	20		♥
Di	21 ●		♥
Mi	22		♥
Do	23		♥
Fr	24		♥
Sa	25		♥
So	26		♥
Mo	27		♥
Di	28		♥
Mi	29		♥
Do	30		♥
Fr	31		♥

_____
_____
_____

Garten

Im Haus vorziehen:
- Aubergine +++
- Kohlrabi ++
- Knollensellerie +++
- Lauch ++
- Tomate +++

Direkt ausäen:
- Karotte ++
- Pastinake ++
- Radieschen +
- Salat ++
- Schwarzwurzel ++
- Spinat +
- Zuckererbse +

Ins Beet pflanzen:
- Brokkoli +++
- Blumenkohl +++
- Kohlrabi ++
- Salat ++

Projekte

❋ _____
❋ _____
❋ _____
❋ _____
❋ _____
❋ _____
❋ _____
❋ _____
❋ _____
❋ _____

Geburtstage

❋ _____
❋ _____
❋ _____
❋ _____
❋ _____
❋ _____
❋ _____
❋ _____
❋ _____
❋ _____

April

Sa	1		♥
So	2		♥
Mo	3		♥
Di	4		♥
Mi	5		♥
Do	6 ◗		♥
Fr	7		♥
Sa	8		♥
So	9		♥
Mo	10		♥
Di	11		♥
Mi	12		♥
Do	13		♥
Fr	14		♥
Sa	15		♥
So	16		♥

Mo	17		♥
Di	18		♥
Mi	19		♥
Do	20 ●		♥
Fr	21		♥
Sa	22		♥
So	23		♥
Mo	24		♥
Di	25		♥
Mi	26		♥
Do	27		♥
Fr	28		♥
Sa	29		♥
So	30		♥

_____

_____

_____

_____

Garten

Im Haus vorziehen:
- o Gurke +++
- o Kürbis +++
- o Lauch ++
- o Rosenkohl +++
- o Salat ++
- o Zucchini +++
- o Zuckermais +++

Direkt ausäen:
- o Karotte ++
- o Mangold ++
- o Markerbsen +
- o Radieschen +
- o Rote Beete ++
- o Salat ++
- o Schwarzwurzel ++
- o Zuckererbsen +

Ins Beet pflanzen:
- o Lauch ++
- o Kartoffel +++
- o Knollensellerie +++
- o Salat ++

Projekte

❀ _____

❀ _____

❀ _____

❀ _____

❀ _____

❀ _____

❀ _____

❀ _____

❀ _____

❀ _____

Geburtstage

✿ _____

✿ _____

✿ _____

✿ _____

✿ _____

✿ _____

✿ _____

✿ _____

✿ _____

✿ _____

Mai

Mo	1		♥
Di	2		♥
Mi	3		♥
Do	4		♥
Fr	5 ☽		♥
Sa	6		♥
So	7		♥
Mo	8		♥
Di	9		♥
Mi	10		♥
Do	11		♥
Fr	12		♥
Sa	13		♥
So	14		♥
Mo	15		♥
Di	16		♥

Mi	17		♥
Do	18		♥
Fr	19 ●		♥
Sa	20		♥
So	21		♥
Mo	22		♥
Di	23		♥
Mi	24		♥
Do	25		♥
Fr	26		♥
Sa	27		♥
So	28		♥
Mo	29		♥
Di	30		♥
Mi	31		♥

_____

_____

_____

Garten

Im Haus vorziehen:
- o   Grünkohl +++
- o   Rosenkohl +++

Direkt ausäen:
- o   Buschbohne +
- o   Chicorée ++
- o   Gurke +++
- o   Karotte ++
- o   Markerbsen +
- o   Pastinake ++
- o   Rote Beete ++
- o   Salat ++
- o   Spinat +
- o   Stangenbohne ++
- o   Zucchini +++
- o   Zuckererbsen +
- o   Zuckermais +++

Ins Beet pflanzen:
- o   Artischocke +++
- o   Aubergine +++
- o   Chilli +++
- o   Gurke +++
- o   Kohlrabi ++
- o   Knollensellerie +++
- o   Kürbis +++
- o   Lauch ++
- o   Paprika +++
- o   Rosenkohl +++
- o   Süßkartoffel +++
- o   Tomate +++
- o   Zucchini +++
- o   Zuckermais +++

Projekte

- _____
- _____
- _____
- _____
- _____
- _____
- _____
- _____
- _____
- _____

Geburtstage

- _____
- _____
- _____
- _____
- _____
- _____
- _____
- _____
- _____
- _____

Juni

Do	1		♥
Fr	2		♥
Sa	3		♥
So	4 ◗		♥
Mo	5		♥
Di	6		♥
Mi	7		♥
Do	8		♥
Fr	9		♥
Sa	10		♥
So	11		♥
Mo	12		♥
Di	13		♥
Mi	14		♥
Do	15		♥
Fr	16		♥

Sa	17		♥
So	18 ●		♥
Mo	19		♥
Di	20		♥
Mi	21		♥
Do	22		♥
Fr	23		♥
Sa	24		♥
So	25		♥
Mo	26		♥
Di	27		♥
Mi	28		♥
Do	29		♥
Fr	30		♥

_____

_____

_____

_____

Garten

Im Haus vorziehen:
- o Blumenkohl +++
- o Brokkoli +++

Direkt ausäen:
- o Buschbohne +
- o Karotte ++
- o Radieschen +
- o Rote Beete ++
- o Salat ++
- o Stangenbohne ++
- o Steckrübe ++
- o Zucchini ++

Ins Beet pflanzen:
- o Grünkohl +++
- o Lauch ++
- o Rosenkohl ++

Projekte

- _____
- _____
- _____
- _____
- _____
- _____
- _____
- _____
- _____
- _____

Geburtstage

- _____
- _____
- _____
- _____
- _____
- _____
- _____
- _____
- _____
- _____

Juli

Sa	1		♥
So	2		♥
Mo	3 ◖		♥
Di	4		♥
Mi	5		♥
Do	6		♥
Fr	7		♥
Sa	8		♥
So	9		♥
Mo	10		♥
Di	11		♥
Mi	12		♥
Do	13		♥
Fr	14		♥
Sa	15		♥
So	16		♥

			♥
Mo	17 ●		
Di	18		♥
Mi	19		♥
Do	20		♥
Fr	21		♥
Sa	22		♥
So	23		♥
Mo	24		♥
Di	25		♥
Mi	26		♥
Do	27		♥
Fr	28		♥
Sa	29		♥
So	30		♥
Mo	31		♥

Garten

Im Haus vorziehen:
- o   Kohlrabi ++
- o   Salat ++

Direkt ausäen:
- o   Buschbohne +
- o   Dicke Bohne ++
- o   Karotte ++
- o   Mangold +
- o   Salat ++

Ins Beet pflanzen:
- o   Grünkohl +++

Projekte

- _____
- _____
- _____
- _____
- _____
- _____
- _____
- _____
- _____
- _____

Geburtstage

- _____
- _____
- _____
- _____
- _____
- _____
- _____
- _____
- _____
- _____

August

Di	1		♥
Mi	2		♥
Do	3		♥
Fr	4		♥
Sa	5		♥
So	6		♥
Mo	7		♥
Di	8		♥
Mi	9		♥
Do	10		♥
Fr	11		♥
Sa	12		♥
So	13		♥
Mo	14		♥
Di	15		♥
Mi	16 ●		♥

Do	17		♥
Fr	18		♥
Sa	19		♥
So	20		♥
Mo	21		♥
Di	22		♥
Mi	23		♥
Do	24		♥
Fr	25		♥
Sa	26		♥
So	27		♥
Mo	28		♥
Di	29		♥
Mi	30		♥
Do	31 ◯		♥

Garten

Im Haus vorziehen:
- ○ Salat ++
- ○ Süßkartoffel +++

Direkt ausäen:
- ○ Dicke Bohne ++
- ○ Karotte ++
- ○ Kohlrabi ++
- ○ Radieschen +
- ○ Salat ++
- ○ Spinat +

Ins Beet pflanzen:
- ○ Brokkoli +++
- ○ Blumenkohl +++
- ○ Salat ++

Projekte

❀ _____
❀ _____
❀ _____
❀ _____
❀ _____
❀ _____
❀ _____
❀ _____
❀ _____
❀ _____

Geburtstage

❀ _____
❀ _____
❀ _____
❀ _____
❀ _____
❀ _____
❀ _____
❀ _____
❀ _____
❀ _____

September

Fr	1		♥
Sa	2		♥
So	3		♥
Mo	4		♥
Di	5		♥
Mi	6		♥
Do	7		♥
Fr	8		♥
Sa	9		♥
So	10		♥
Mo	11		♥
Di	12		♥
Mi	13		♥
Do	14		♥
Fr	15 ●		♥
Sa	16		♥

So	17		♥
Mo	18		♥
Di	19		♥
Mi	20		♥
Do	21		♥
Fr	22		♥
Sa	23		♥
Sa	24		♥
Mo	25		♥
Di	26		♥
Mi	27		♥
Do	28		♥
Fr	29 ◑		♥
Sa	30		♥

_____

_____

_____

_____

Garten

Direkt ausäen:
- Salat ++

Ins Beet pflanzen:
- Knoblauch ++
- Salat ++

Projekte

-
-
-
-
-
-
-
-
-
-

Geburtstage

-
-
-
-
-
-
-
-
-
-

Oktober

So	1		♥	
Mo	2		♥	
Di	3		♥	
Mi	4		♥	
Do	5		♥	
Fr	6		♥	
Sa	7		♥	
So	8		♥	
Mo	9		♥	
Di	10		♥	
Mi	11		♥	
Do	12		♥	
Fr	13		♥	
Sa	14 ●		♥	
So	15		♥	
Mo	16		♥	

Di	17		♥
Mi	18		♥
Do	19		♥
Fr	20		♥
Sa	21		♥
So	22		♥
Mo	23		♥
Di	24		♥
Mi	25		♥
Do	26		♥
Fr	27		♥
Sa	28 ◯		♥
So	29		♥
Mo	30		♥
Di	31		♥

_____

_____

_____

Garten

Projekte

-
-
-
-
-
-
-
-
-
-

Geburtstage

-
-
-
-
-
-
-
-
-
-

November

Mi	1		♥
Do	2		♥
Fr	3		♥
Sa	4		♥
So	5		♥
Mo	6		♥
Di	7		♥
Mi	8		♥
Do	9		♥
Fr	10		♥
Sa	11		♥
So	12		♥
Mo	13 ●		♥
Di	14		♥
Mi	15		♥
Do	16		♥

Fr	17		♥
Sa	18		♥
So	19		♥
Mo	20		♥
Di	21		♥
Mi	22		♥
Do	23		♥
Fr	24		♥
Sa	25		♥
So	26		♥
Mo	27 ◑		♥
Di	28		♥
Mi	29		♥
Do	30		♥

Garten

Projekte

- _____
- _____
- _____
- _____
- _____
- _____
- _____
- _____
- _____
- _____

Geburtstage

- _____
- _____
- _____
- _____
- _____
- _____
- _____
- _____
- _____
- _____

Dezember

Fr	1		♥
Sa	2		♥
So	3		♥ 🕯
Mo	4		♥
Di	5		♥
Mi	6		♥
Do	7		♥
Fr	8		♥
Sa	9		♥
So	10		♥ 🕯🕯
Mo	11		♥
Di	12		♥
Mi	13 ●		♥
Do	14		♥
Fr	15		♥
Sa	16		♥

So	17		♥
			♟♟♟
Mo	18		♥
Di	19		♥
Mi	20		♥
Do	21		♥
Fr	22		♥
Sa	23		♥
So	24		♥
			♟♟♟♟
Mo	25		♥
Di	26		♥
Mi	27 ○		♥
Do	28		♥
Fr	29		♥
Sa	30		♥
So	31		♥

_____

_____

_____

Garten

Projekte

❀ _____
❀ _____
❀ _____
❀ _____
❀ _____
❀ _____
❀ _____
❀ _____
❀ _____
❀ _____

Geburtstage

✿ _____
✿ _____
✿ _____
✿ _____
✿ _____
✿ _____
✿ _____
✿ _____
✿ _____
✿ _____

Notizen

Notizen

Notizen

Notizen

Notizen

_____

_____

_____

_____

_____

_____

_____

_____

_____

_____

_____

_____

_____

_____

_____

_____

_____

Quellen:

[ScNi] Schmidt, Nicola. Artgerecht. Das andere Kleinkinderbuch, Kösel-Verlag, München, 5. Auflage, 2021, S. 288

Smarticular. Garten & Balkon. Selber machen statt kaufen. 111 Projekte und Ideen für den naturnahen Biogarten. Smarticular Verlag, Berlin, 2019

https://attachments.convertkitcdnh.com/51016/ec17a412-4c49-47c4-abe9-69a554ff10fa/Aussaatkalender_2022_Wurzelwerk.pdf (23.11.2022)

https://www.garteln.com/gartenarbeit-mondphasen/ (24.11.2022)

https://www.wildfind.com/artikel/starkzehrer-mittelzehrer-schwachzehrer (24.11.2022)

Cover: https://pixabay.com/de/photos/gem%c3%bcse-korb-gem%c3%bcsekorb-ernte-752153/